18 Décembre 1908

marqué PN

Tableaux & Dessins

ANCIENS

OBJETS D'ART

TAPISSERIES ANCIENNES

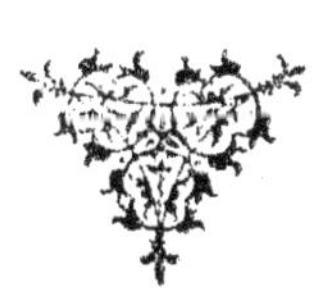

EXEMPLAIRE DE H. STETTINER

TABLEAUX & DESSINS

ANCIENS

OBJETS D'ART

Tapisseries Anciennes

CONDITIONS DE LA VENTE

Elle sera faite au comptant.

Les acquéreurs paieront **dix pour cent** en sus des enchères.

L'exposition mettant à même le public de se rendre compte de l'état et de la nature des objets, aucune réclamation ne sera admise une fois l'adjudication prononcée.

AVIS

On suivra l'ordre numérique, sauf pour les tapisseries anciennes, ainsi que les sièges recouverts en tapisserie, qui seront vendus à 4 heures 1/2 précises.

Paris. — Imp. Georges Petit, 12, rue Godot-de-Mauroi - 19296-08.

CATALOGUE

DES

Tableaux & Dessins

ANCIENS

Pastels, Gouaches, Aquarelles, Gravures

Principalement de l'École Française du XVIIIe siècle

GOUACHES par Claude Hoin, Louis Moreau, etc.

SCULPTURES, TERRES CUITES, BRONZES

PORCELAINES & FAIENCES ANCIENNES

OBJETS DE VITRINE

MINIATURES, MONTRES, BOITES, ETC.

Bronzes d'Ameublement et Objets variés

BEAUX CHENETS DU TEMPS DE LOUIS XVI

SIÈGES ET MEUBLES ANCIENS

Sièges recouverts en ancienne tapisserie

TAPISSERIES ANCIENNES

DES XVIe, XVIIe ET XVIIIe SIÈCLES

Tapis d'Aubusson, Ier Empire, etc., etc.

DONT LA VENTE AUX ENCHÈRES PUBLIQUES AURA LIEU

HOTEL DROUOT, Salle N° 6

Le Vendredi 18 Décembre 1908, à 2 heures

COMMISSAIRE-PRISEUR	EXPERTS
Me F. LAIR-DUBREUIL	MM. PAULME & B. LASQUIN FILS
6, rue Favart, 6	10, rue Chauchat | rue Laffitte, 12

Chez lesquels se distribue le présent Catalogue.

EXPOSITION PUBLIQUE

Le Jeudi 17 Décembre 1908, de 1 heure 1/2 à 5 heures 1/2.

DÉSIGNATION

DESSINS

AQUARELLES, GOUACHES

GRAVURES ANCIENNES

BERCHEM (N.)

1 — *La Chasse au cerf.*

Importante composition à la plume, lavis d'encre de Chine et aquarelle.

BARTOLOZZI (F.)

2 — *Jeune femme lutinant un amour.*

Lavis d'encre de Chine et d'aquarelle.
Cette composition a été gravée.

BOUCHER (F.)

3 — *Le Feu. — La Terre.*

Deux compositions pour la suite des *Quatre éléments*.
Dessins à la pierre noire.

BOUCHER (F.)

4 — *Les Petits moissonneurs.*

Dessin à la mine de plomb.

BOUCHER (F.)

5 — *Le Bourgeois gentilhomme. — Les Fourberies de Scapin. — Le Misanthrope. — La Princesse d'Elide.*

Suite de quatre dessins à la mine de plomb sur vélin pour les œuvres de Molière. Edition de Paris, 1734, gr. in-4°.

Ils sont réunis dans un cadre ancien Louis XVI, en bois sculpté doré.

BRONCKHORST (J.-G. van)

6 — *Portrait de jeune fille.*

De trois quarts à gauche, à mi-corps.

Intéressant dessin au lavis d'encre de Chine et rehauts de gouache sur vélin. Signé.

CATS (J.)

7 — *Les Ruines du château de Brederode ;* environs de Haarlem.

Dessin à la plume et lavis d'encre de Chine. Signé et daté au verso : *1791*.

CATS (J.)

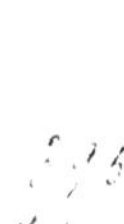

8 — *Paysage d'Italie ;* bergers et troupeau.

Très fine aquarelle, signée et datée au verso : *1789*.

Ancienne collection Coster.

CHATELET

9 — *Reconstitution antique du petit port de Messine.*

Fin dessin à la sépia.

DEBUCOURT (L.-P.)

10 — *Fête champêtre.*

Intéressante composition, animée de nombreux groupes de personnages, danseurs, buveurs, etc.

Dessin au crayon et estompe.

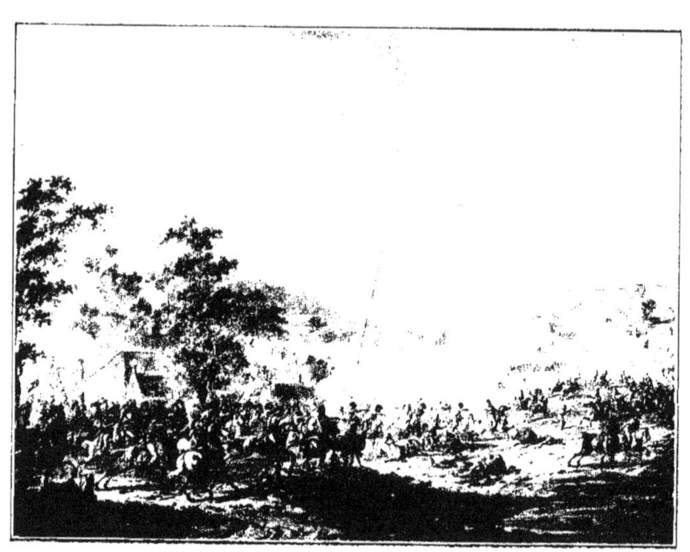

N° 17.

920

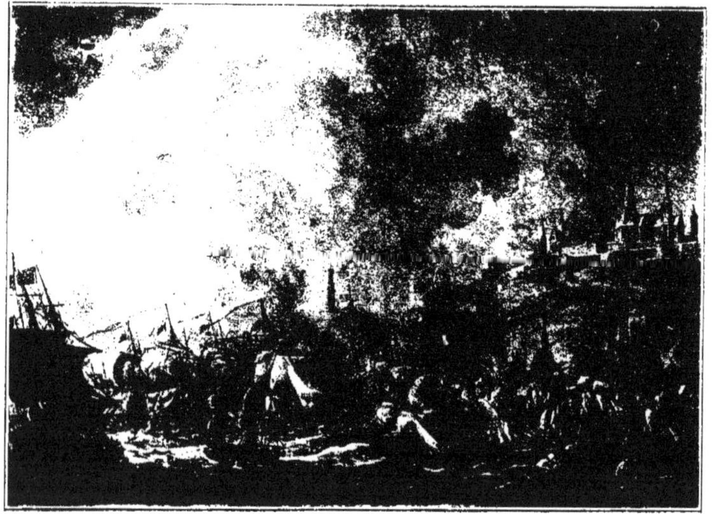

N° 18.

230

ÉCOLE FRANÇAISE (XVIIIe siècle)

DEUX PENDANTS

11 — *Portraits d'homme et de femme.*

Intéressants dessins au crayon noir avec les visages rehaussés de couleur.

FRAGONARD (Honoré)

12 — *Jeune fille assise à terre.*

Charmant dessin à la sépia. Signé.

HOIN (Claude)

13 — *Jeune fille à la corbeille de fleurs.*

Vêtue d'une robe de gaze transparente, elle s'abandonne pâmée dans les bras de l'Amour qui surgit d'une nuée. Déjà, elle ne tient plus à la terre...

Ravissante composition de ce maître dont les œuvres sont si rares. Elle offre une grande analogie avec l'aquarelle citée par le baron Portalis, ayant fait partie de la collection Beurdeley, intitulée *Bacchante.* C'est la même figure de femme, dans la même attitude, mais vêtue au lieu d'être nue.

Gouache.

Beau cadre ancien Louis XVI, à guirlandes de fleurs, en bois sculpté doré.

JANSSENS (Cornelisz)

DEUX PENDANTS

14 — *Portraits d'un patricien hollandais et de sa femme.*

Beaux dessins au crayon noir rehaussés d'aquarelle.

JULLIARD

15 — *Le Gué.*

Dans un site montagneux, une paysanne sur son âne, un jeune garçon, une vache et un chien traversent un gué.

Importante et vigoureuse gouache.

Cadre ancien Louis XIV, en bois sculpté doré.

KONINGH (L. de)

16 — *Village au bord de l'eau, en Hollande.*

Au premier plan, un homme conduit un bac ; plus loin, une barque à voile ; sur la rive, les maisons émergent de groupes d'arbres.

Importante aquarelle. Signée.

LANGENDYCK (Dirk)

17 — *Invasion des troupes anglo-russes dans la Hollande septentrionale.*

Auprès d'un village abrité par de grands arbres, l'armée de la République Batave et les dragons français se ruent contre celle des alliés. Des nuages de fumée s'élèvent au centre. Dans le fond, les dunes, où fourmillent d'autres troupes.

Belle aquarelle. Signée et datée : *1804*.

LANGENDYCK (Dirk)

18 — *La Flotte anglaise attaquant les canonnières françaises devant la rade de Boulogne.*

Très fine aquarelle. Signée et datée : *1804*.

LAVREINCE (Nicolas)

19 — *Le Matin.*

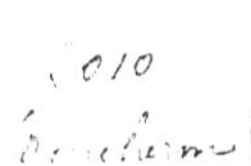

Première pensée de la gouache qui fit partie de la collection de feu M. Mühlbacher (nº 82 du catalogue).

Dessin à la sépia sur trait de sanguine, offrant des différences avec la gouache terminée citée plus haut.

LAVREINCE (Nicolas)

20 — *L'Innocence en danger.*

Première pensée de la gouache originale, gravée sous le même titre par Caquet.

Dessin à la sépia.

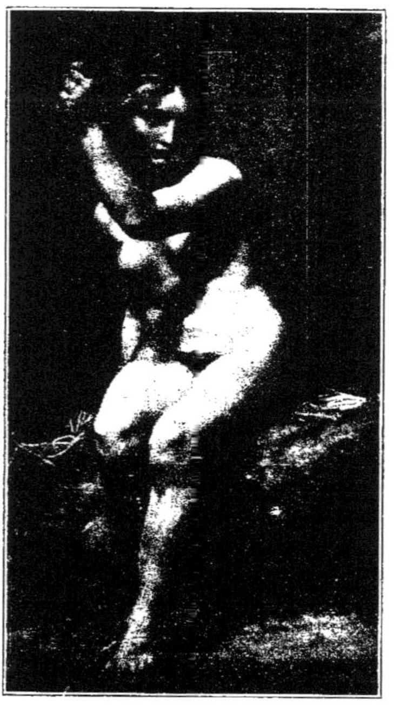

N° 23.

1800-

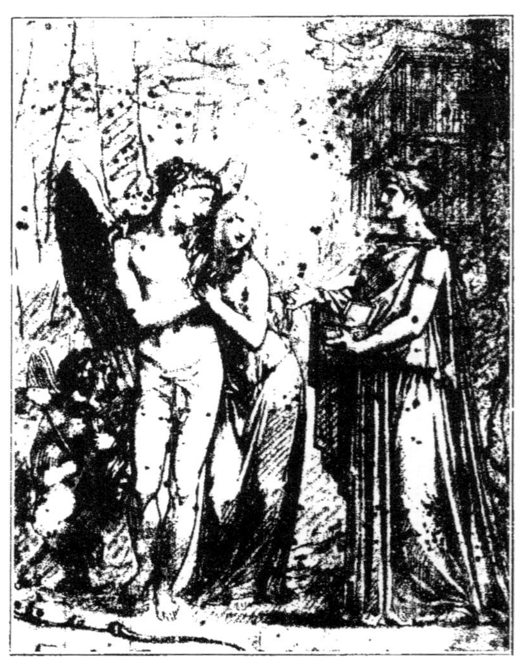

N° 24.

1.600

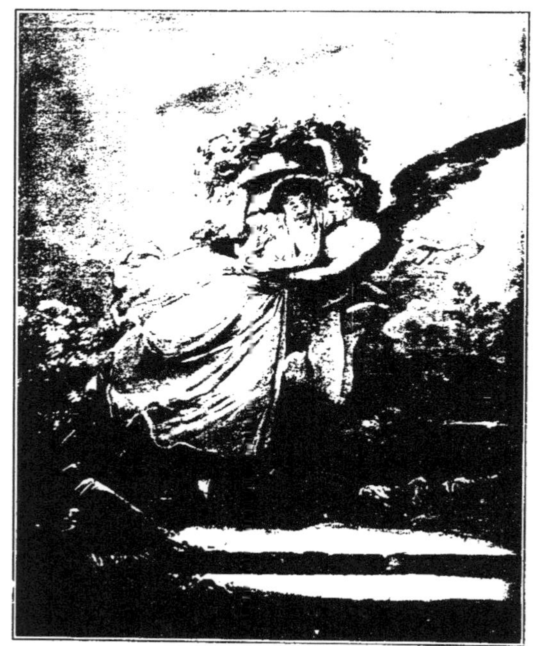

N° 13.

2.500

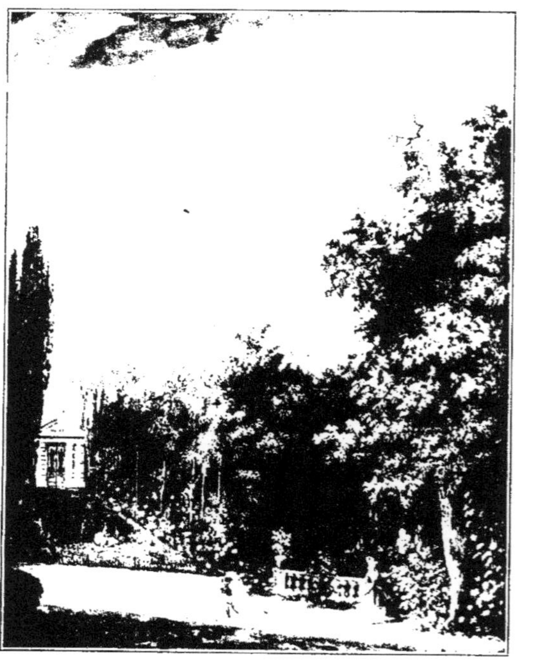

N° 21.

800

MOREAU l'aîné (Louis)

21 — *Vue dans un parc.*

Dans une large avenue, une jeune femme, en élégante toilette, cueille des fleurs ; à ses côtés, un enfant est poursuivi par un chien. Dans le fond, où se voit un temple de l'Amour, deux jeunes femmes sont assises.

Charmante gouache d'une parfaite conservation.

Bordure ancienne en bois sculpté doré.

PERNET (J.)

DEUX PENDANTS

22 — *Ruines et monuments antiques. — Statues et vases.*

Deux jolies petites compositions de forme ronde.

A la sépia sur trait de plume.

PRUD'HON (P.-P.)

23 — *Académie de femme.*

Elle est représentée assise, le bras gauche levé.

Très beau dessin aux crayons noir et blanc sur papier bleu.

PRUD'HON (P.-P.)

24 — *L'Innocence préfère l'amour à la richesse.*

Composition allégorique.

Beau dessin à la pierre noire et rehauts de blanc sur papier gris.

PRUD'HON (P.-P.)

25 — *Portrait de femme.*

Assise de trois quarts, le visage presque de face. Etude pour un portrait.

Dessin à la pierre noire et crayon blanc sur papier bleu.

ROBERT (Hubert)

26 — *Monuments à Rome.*

Dessin à la sanguine. Signé et daté : *1759*.

SCHMIDT

27 — *Portrait de jeune femme.*

En buste, légèrement tournée vers la droite, en corsage décolleté et nœud de ruban.

Dessin de forme ovale au crayon noir rehaussé de couleur.

Cadre en bois sculpté doré.

STRY (Van)

28 — *L'Heure de la traite.*

Très belle aquarelle.

STRY (Van)

29 — *Paysage d'hiver.*

Belle aquarelle.

TRINQUESSE

30 — *Femme assise dans un grand fauteuil.*

Vigoureux dessin à la sanguine.

VAN GOYEN (J.)

31 — *Rivière gelée, près des remparts d'une ville.*

Charmante composition, avec bateaux, traîneaux attelés, patineurs, etc.

Dessin au crayon noir et lavis.

VAN GOYEN (J.)

32 — *Rivière traversant une ville.*

Nombreux personnages, voitures attelées et bateaux.

Dessin au crayon noir et lavis.

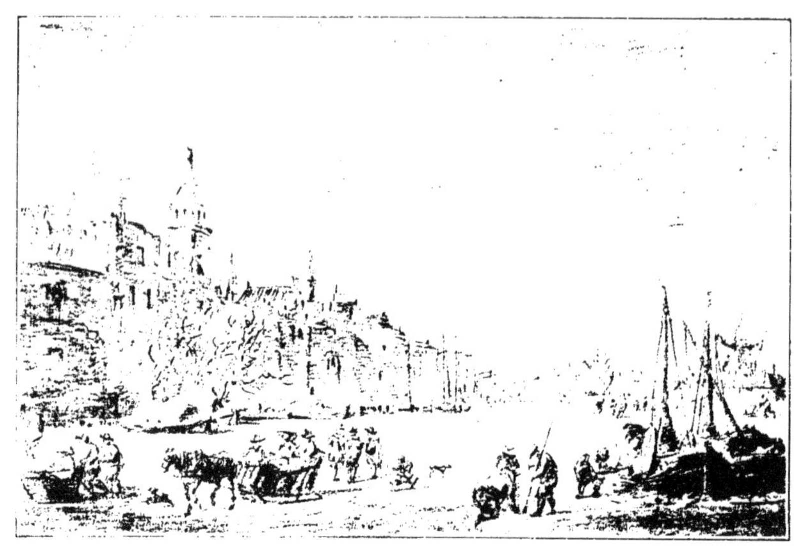

N° 31.

350

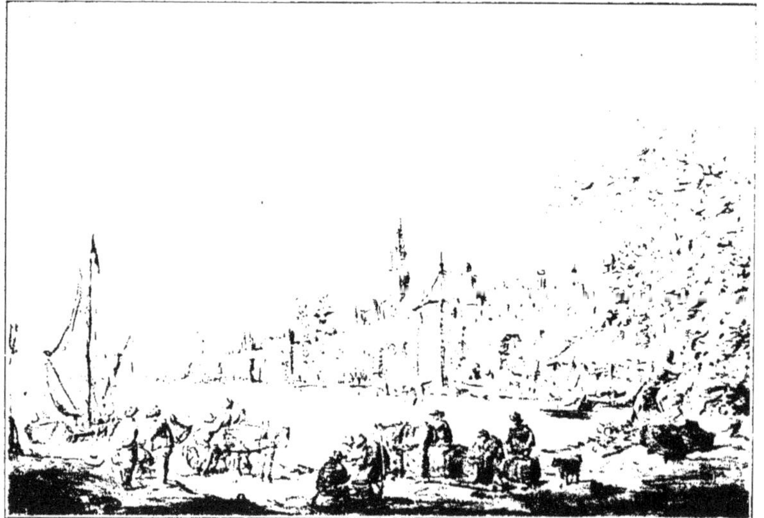

N° 33.

240

VAN GOYEN (J.)

33 — *Village au bord d'une rivière.*

Habitations, grands arbres et pêcheurs dans une barque.
Dessin à la pierre noire et lavis.
Signé du monogramme et daté : *1653*.

VAN GOYEN (J.)

34 — *Le Champ de blé.*

Ferme et moulin ; vaches et gerbes de blé.
Dessin à la pierre noire et lavis.
Signé du monogramme et daté : *1652*.

WATTEAU (Antoine)

35 — *Le Matamore.*

Très belle étude aux trois crayons sur papier chamois. Sur son ancienne monture, marquée A R D.

Ancienne collection *H. C. du Bois*, de La Haye.

DESCOURTIS

DEUX PENDANTS

36 — *Vue de la porte Saint-Bernard, prise venant de l'hôpital. — Vue du port Saint-Paul, prise au bas du parapet.*

Deux estampes anciennes imprimées en couleurs, d'après Demachy, en superbes et fraîches épreuves de premier tirage avec les armoiries. Marge.

TABLEAUX

PASTELS

BOILLY (Louis)

37 — *Portrait d'un officier du Premier Empire.*

Toile. Haut., 21 cent.; larg., 17 cent.

BOURDON (Sébastien)

38 — *Sainte Famille, sainte Anne et saint Jean-Baptiste.*

Toile. Haut., 64 cent. 1/2; larg., 80 cent.

CHATELET (P.)

DEUX PENDANTS

39 — *Paysages montagneux avec figures.*

Deux toiles, l'une signée et datée : 1771.

Haut., 73 cent.; larg., 92 cent.

Beaux cadres anciens Louis XVI, à pirouette, feuille d'acanthe et ruban, en bois sculpté doré.

COTES (F.)

40 — *Portrait de femme.*

En buste, vue de profil.

Pastel.

Haut., 60 cent.; larg., 46 cent.

ÉCOLE ALLEMANDE (XVe siècle)

41 — *Sujet biblique.*

Volet de triptyque.

Panneau. Haut., 89 cent.; larg., 44 cent.

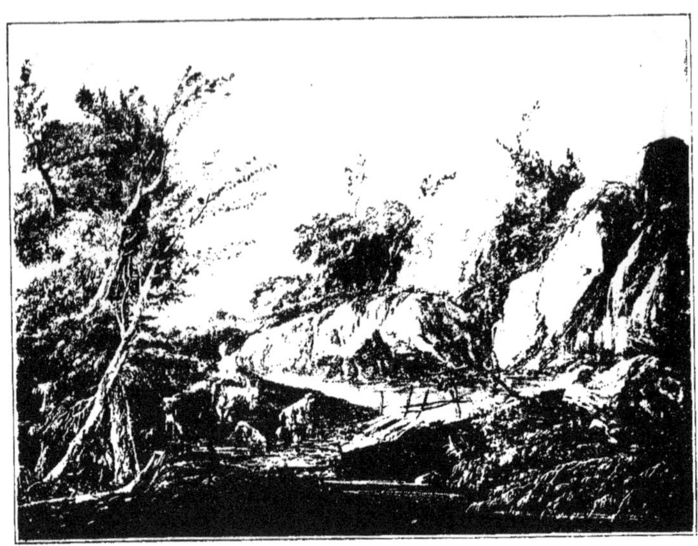

N° 15.

500

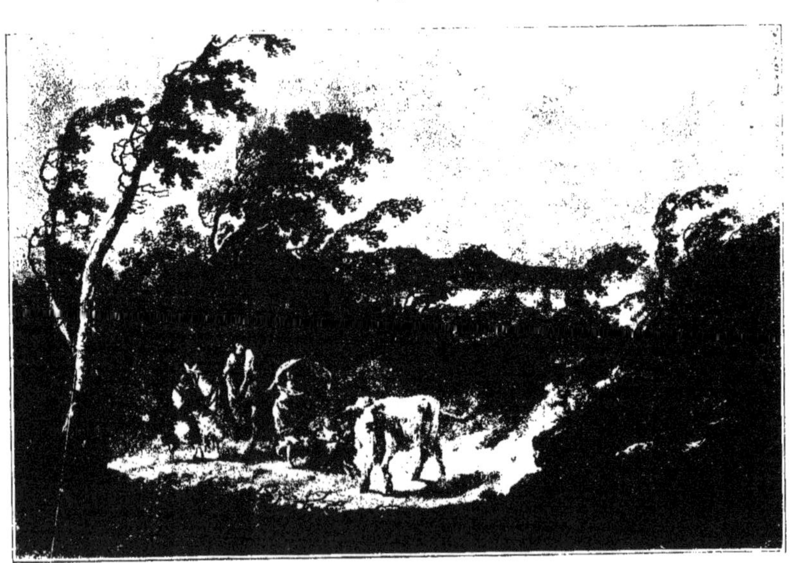

N° 55.

2000

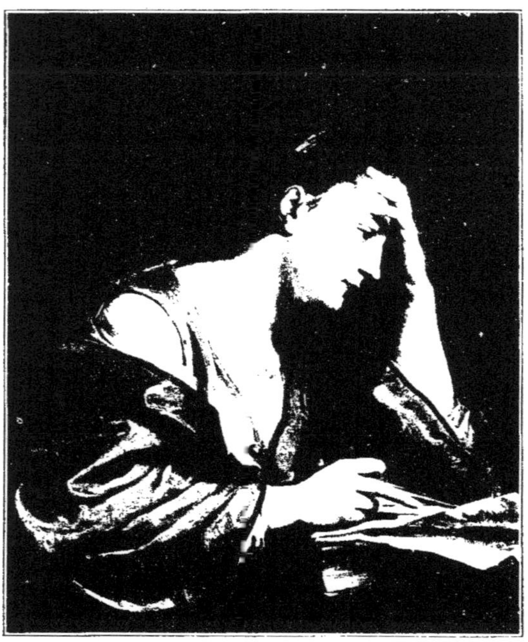

N° 58.

260

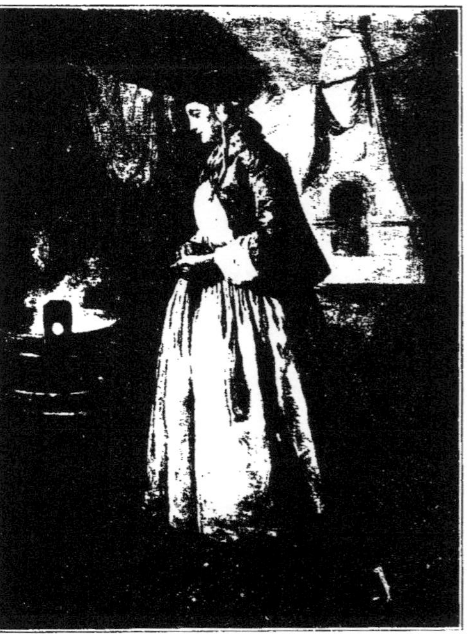

N° 19.

1,000

ECOLE ANGLAISE (XVIIIe siècle)

42 — *Portrait d'homme.*

En habit rouge, avec perruque poudrée.

Toile. Haut., 65 cent.; larg., 54 cent. 1/2.

Beau cadre ancien en bois sculpté doré.

ECOLE ANGLAISE (XVIIIe siècle)

43 — *Portrait de Wm Candler Esqr.*

En uniforme rouge à revers jaune.

Toile. Haut., 76 cent. 1/2; larg., 64 cent.

ÉCOLE FRANÇAISE (XVIIIe siècle)

44 — *Portrait présumé de Thomas Corneille.*

Toile ovale. Haut., 68 cent.; larg., 57 cent.

ÉCOLE FRANÇAISE (Premier Empire)

45 — *Portrait de femme.*

Toile ovale. Haut., 16 cent. 1/2; larg., 14 cent. 1/2.

ÉCOLE ITALIENNE (XVIIe siècle)

46 — *Portrait de femme âgée et de son enfant.*

Toile. Haut., 58 cent.; larg., 45 cent.

EISEN (le père)

47 — *Portrait d'un cardinal.*

Médaillon entouré de figures allégoriques.

Toile. Haut., 52 cent.; larg., 42 cent.

GOSSAERT, dit Mabuse (École de)

48 — *Vierge et Enfant Jésus.*

Panneau. Haut., 34 cent. 1/2; larg., 25 cent.

HUTIN (Charles)

49 — *La Lessiveuse.*

Charmant tableau.

Toile. Haut., 82 cent.; larg., 67 cent.

LAFOSSE (Charles de)

50 — *Esquisse pour un plafond.*

Toile. Haut., 80 cent.; larg., 1 mètre

LAJOUE

51 — *Portrait d'une famille*, dans un parc.

Panneau. Haut., 66 cent.; larg., 54 cent.

LEGUAY (E.-C.)

52 — *Portrait de jeune femme.*

Un corsage blanc décolleté, un fichu en gaze de soie blanche sur les épaules, noué sur la poitrine. La chevelure parée de fleurs.

Signé et daté : *1780.*

Toile ovale. Haut., 64 cent.; larg., 53 cent.

MUSSCHER

53 — *Portrait de femme.*

Toile. Haut., 48 cent.; larg., 40 cent.

NATOIRE (Charles)

54 — *La Conversion de saint Paul.*

Toile. Haut., 72 cent.; larg., 47 cent.

PILLEMENT (Jean)

55 — *La Tempête.*

Sous la violence de la rafale, un jeune garçon sur son âne, une paysanne hésitent effrayés sur la direction à prendre; une vache, des moutons et des chèvres semblent affolés.

Pastel. Signé à gauche et daté : *l'an 5 de la R.*

Beau cadre Louis XVI en bois sculpté doré.

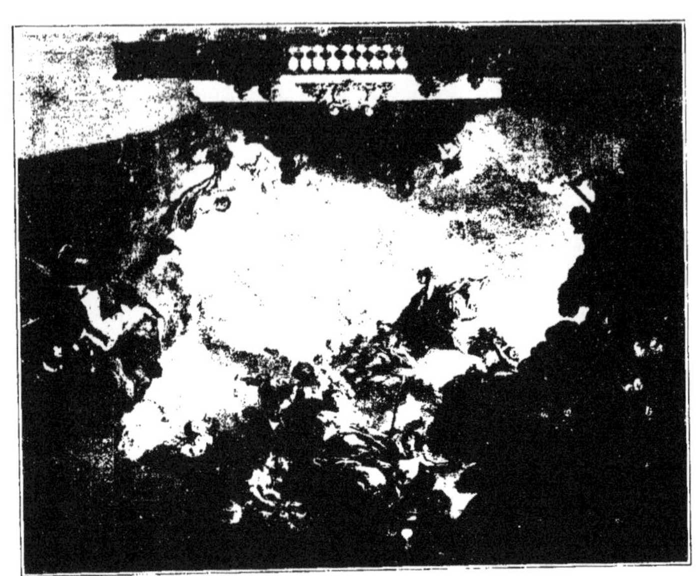

N° 50.

1.500

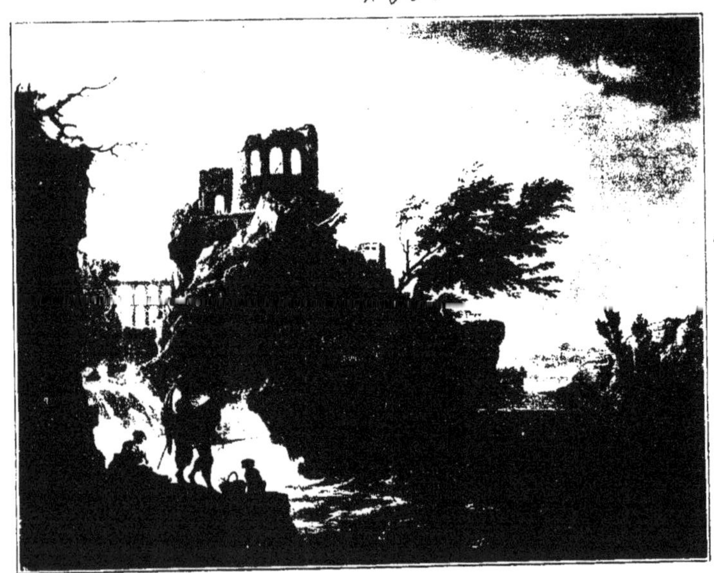

N° 63.

1255

RESTOUT

56 — *Épisode de la vie du Christ.*

Toile. Haut., 73 cent.; larg., 60 cent.

RUBENS (D'après P.-P)

57 — *Descente de Croix.*

Cuivre.

Haut., 63 cent.; larg., 47 cent.

SANTERRE

58 — *L'Étude.*

Portrait de femme.

Toile. Haut., 80 cent.; larg., 64 cent.

TAUNAY (Nicolas)

59 — *Le Jardin de l'ermite.*

Toile. Haut., 41 cent.; larg., 33 cent.

TOL (P. van)

60 — *Concert dans un intérieur hollandais.*

Toile. Haut., 36 cent.; larg., 43 cent.

TRÉMOLLIÈRES

61 — *Ismaël et Agar.*

Signé et daté : 1729.

Toile. Haut., 1 mètre; larg., 80 cent.

VALLIN

62 — *Bacchanale.*

Composition à plusieurs figures.

Panneau. Haut., 55 cent.; larg., 46 cent.

VERNET (Joseph)

63 — *Paysage.*

Avec rivière, chute d'eau, pêcheurs, ruines, etc.

Signé et daté.

Toile. Haut., 63 cent. 1/2; larg., 81 cent.

SCULPTURES

TERRES CUITES, BRONZES

64 — Deux groupes en ancien bronze patiné, sur terrasse à rocailles, en bronze doré : *Jeux d'enfants*.

65 — Statuette de jeune femme, en plâtre, attribuée à J.-B. Le Moyne. Cette statuette représente *A.-F. Aimée de Coigny*, mariée au duc de Fleury en 1785. Emprisonnée pendant la Terreur, elle partagea la captivité d'André Chénier qui l'immortalisa dans sa célèbre élégie : *la Jeune captive*. (Voir *Mémoires d'Aimée de Coigny*, par Et. Lamy, publiés chez Calmann-Lévy.

66 — Groupe en ancienne terre cuite, attribué à Clodion : *Silène*. Sur socle adhérent, agrémenté d'une foule d'enfants nus, en ronde-bosse et bas-relief, dansant une ronde bachique. Base en bronze.

Haut., 52 cent.

67 — Deux bustes, grandeur nature, en terre cuite : *Jean qui pleure; Jean qui rit*. XVIIIe siècle Piédouches en marbre noir.

PORCELAINES & FAIENCES

68 — Fontaine à parfum formée d'un vase cylindrique, en ancienne porcelaine de Saxe, décoré de chutes de fleurs en couleurs, avec couvercle, robinet et trépied à consoles, en bronze doré. Elle repose sur une terrasse de forme contournée, agrémentée de figurines, de fleurs, de volatiles, de fleurettes, de même porcelaine, dans des massifs de verdure et roseaux.

69 — Petite statuette en ancienne porcelaine de Frankenthal, décorée en couleurs.

70 — Pièce de surtout de table, formée de deux coupes superposées, en ancienne porcelaine de Vienne : décor en couleurs, à personnages.

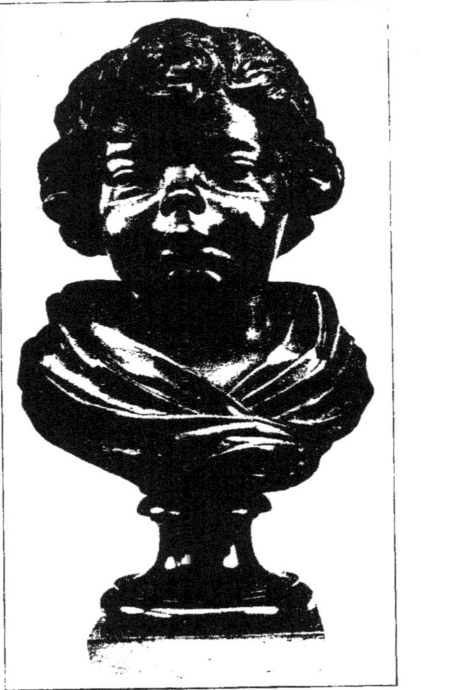

N° 67.

N° 67.

1.500 les deux

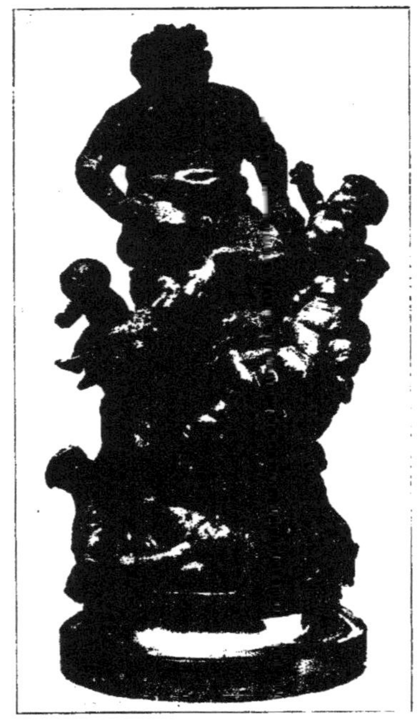

N° 66.

2.200

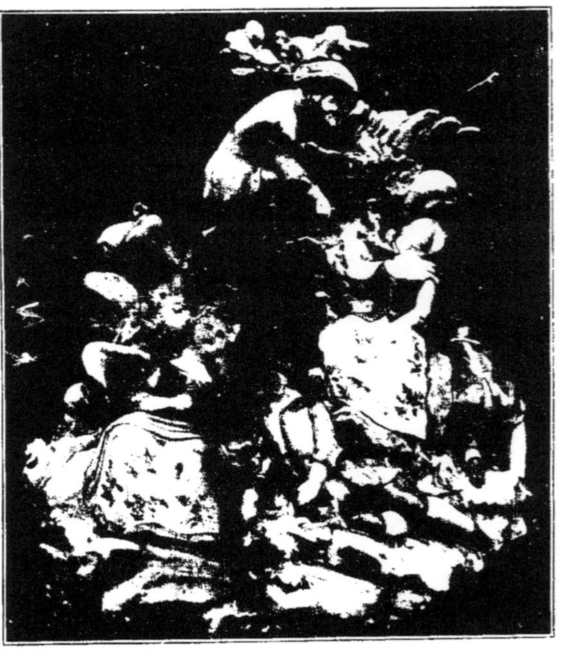

N° 71.

2 210

71 — Tasse et sa soucoupe, en ancienne porcelaine de Sèvres, à fond bleu et oiseaux en réserves.

72 — Déjeuner tête-a-tête, en ancienne porcelaine de Sèvres, pâte tendre, comprenant un plateau rectangulaire à deux anses, deux tasses et soucoupes (l'une en porcelaine dure plus récente), une cafetière, un sucrier et un crémier; décor en couleurs; rinceaux et bandes bleu turquoise à rehauts d'or.

73 — Quatre tasses et soucoupes, en ancienne porcelaine de la Compagnie des Indes, du temps de Louis XV, décorées en couleurs de guirlandes de fleurettes et d'une armoirie à double écusson.

74 — Important groupe de cinq personnages figurant : *les Dénicheurs*, en ancienne porcelaine tendre de Mennecy, décorée en couleurs.

Haut., 23 cent. 1/2.

75 — Statuette de jeune homme dansant, en ancienne porcelaine tendre de Mennecy, décorée en couleurs.

Haut., 12 cent. 1/2.

76 — Déjeuner tête-a-tête en ancienne faïence fine de Lorraine, comprenant un plateau, de forme contournée, à deux anses, deux tasses et soucoupes, cafetière, sucrier, crémier. Décor en couleurs et rehauts d'or; chaque pièce offre un médaillon à personnages avec encadrement de rocailles dans le goût de Saxe, et semis de petites fleurettes. Marque *B*.

OBJETS DE VITRINE

MINIATURES

77 — Miniature rectangulaire sur vélin. Groupe de deux personnages : scène galante. Époque Louis XV.

78 — Miniature rectangulaire à angles coupés : sujet galant. Cadre à réverbère en argent doré.

79 — Miniature, dans un médaillon ovale, de l'école française du XVIIe siècle : portrait d'Anne d'Autriche.

Collection Spitzer.

80 — Miniature, dans un médaillon ovale, de l'école française du XVIe siècle : portrait de femme.

Collection Spitzer.

81 — Boite rectangulaire en ancien émail de Saxe, décorée sur le dessus d'un paysage maritime en couleurs, dans le goût de J. Vernet, les autres faces, ainsi que le revers du couvercle, ornées de paysages.

82 — Boite ronde en ancienne porcelaine d'Allemagne, à fond gaufré vert chargé de fleurs en couleurs; au revers du couvercle : sujet mythologique.

83 — Drageoir, formé d'une chatte et ses petits, en ancienne porcelaine tendre de Mennecy, décor au naturel; couvercle à fleurettes en couleurs.

84 — Drageoir, formé d'un chien carlin, de même porcelaine et décor analogue.

85 — Drageoir, formé d'une chienne et ses petits, en ancienne porcelaine d'Allemagne, décor en couleurs.

86 — Carnet-souvenir en écaille blonde piquée d'or; monture dorée.

87 — Boite ronde en écaille, galonnée et décorée au vernis à l'extérieur. Époque Louis XVI.

88 — Petite harpe en or émaillé en couleurs, formant boîte à musique. Travail ancien de Genève.

89 — Boite ovale en pomponne, ornements ciselés. Époque Louis XVI.

90 — Coupe, forme coquille, en jaspe fleuri, enrichie d'une monture à cariatide de femme, en argent ciselé et doré.

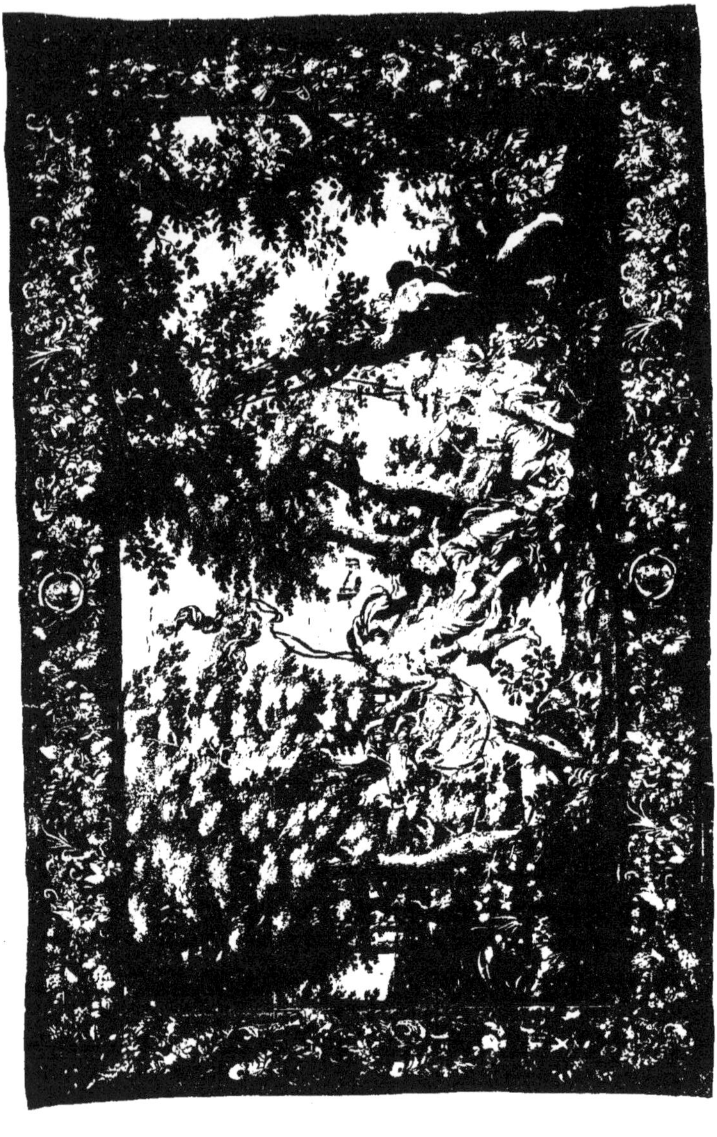

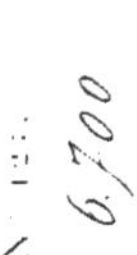

91 — Éventail à monture d'ivoire et feuille peinte à la gouache : composition à personnages dans trois médaillons. Époque Louis XVI.

92 — Petite montre de dame en or émaillé bleu, enrichie d'un entourage et d'un panier fleuri pavés de roses. Époque Louis XVI.

93 — Montre de dame en or émaillé bleu avec entourage de demi-perles. Époque Louis XVI.

94 — Petite montre de forme octogonale en cristal de roche et argent. xvie siècle.

95 — Boite ronde en argent gravé et niellé, ornée sur le dessus d'un médaillon : Catherine II de Russie.

96 — Petite boite rectangulaire en or émaillé bleu à quadrillés, décorée, sur le couvercle, d'un petit paysage; poussoir fait d'un brillant. Ancien travail de Genève.

97 — Montre en or ciselé. Époque Louis XVI.

98 — Ceinture en argent, ornée de pierres.

BRONZES D'AMEUBLEMENT

OBJETS DIVERS

99 — Pendule en bronze ciselé et doré, figurant une chaumière rustique, sur les côtés de laquelle se voient une statuette de femme et un amour auprès d'un arbuste. Socle orné de bas-reliefs. Fin du xviiie siècle.

100 — Paire d'importants chenets en bronze ciselé et doré : modèle à vases-cassolettes trépieds, ornés de guirlandes et couronnés de flammes, reposant sur socles cylindriques, moulurés, cannelés et décorés de feuillages. Galeries ornées de laurier et amortissements à pommes de pin. Époque Louis XVI.

101 — Miroir de forme contournée, dans un cadre en bronze ciselé et doré, à rocailles et feuillages.

102 — Surtout de table en trois parties, décoré sous verre de peintures polychromes : vues de châteaux, paysages et animaux. Époque Ier Empire.

103 — Bocal couvert sur piédouche, fait d'une noix de coco ; monture en argent repoussé et ciselé. Ancien travail allemand.

104 — Très petite commode de poupée à deux tiroirs, en marqueterie de bois de placage en couleur. Époque Louis XVI.

105 — Petit coffret de forme bombée, en maroquin et ornements aux petits fers. xviie siècle.

106 — Violon ancien, portant la marque de *Francesco Ruger, 1781.*

MEUBLES ANCIENS

SIÈGES

Sièges recouverts en tapisserie.

107 — Deux meubles-vitrines d'entre-deux, avec coins arrondis, en acajou, richement ornés de bronzes ciselés et dorés. Dessus de marbre. En partie du temps de Louis XVI.

108 — Grand coffre en laque de Coromandel. Époque Louis XIV.

109 — Bureau plat, en bois sculpté et mouluré, ouvrant à quatre tiroirs, ornements en bronze. Époque Louis XV.

110 — Commode demi-lune, en marqueterie de bois de couleurs, ouvrant sur la face à trois tiroirs et deux portes sur les côtés, ornée de bronzes. Dessus de marbre blanc. Époque Louis XVI.

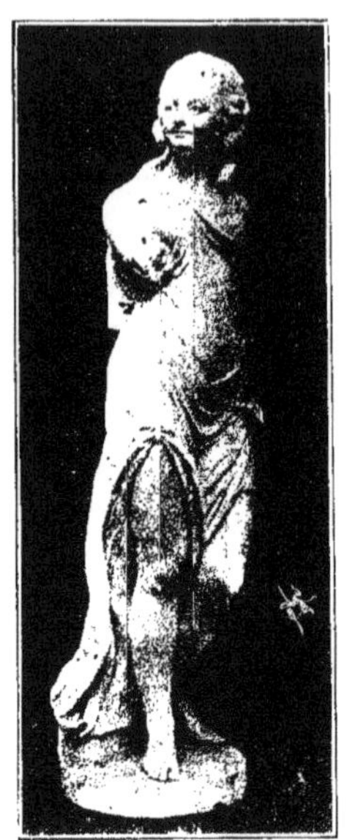

N° 65.

3 210

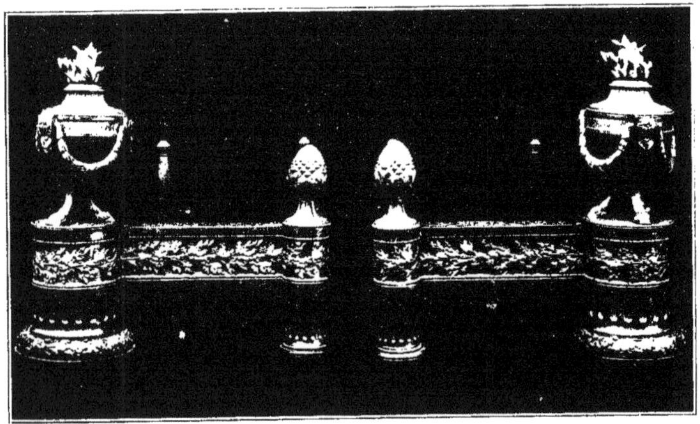

N° 100.

3000

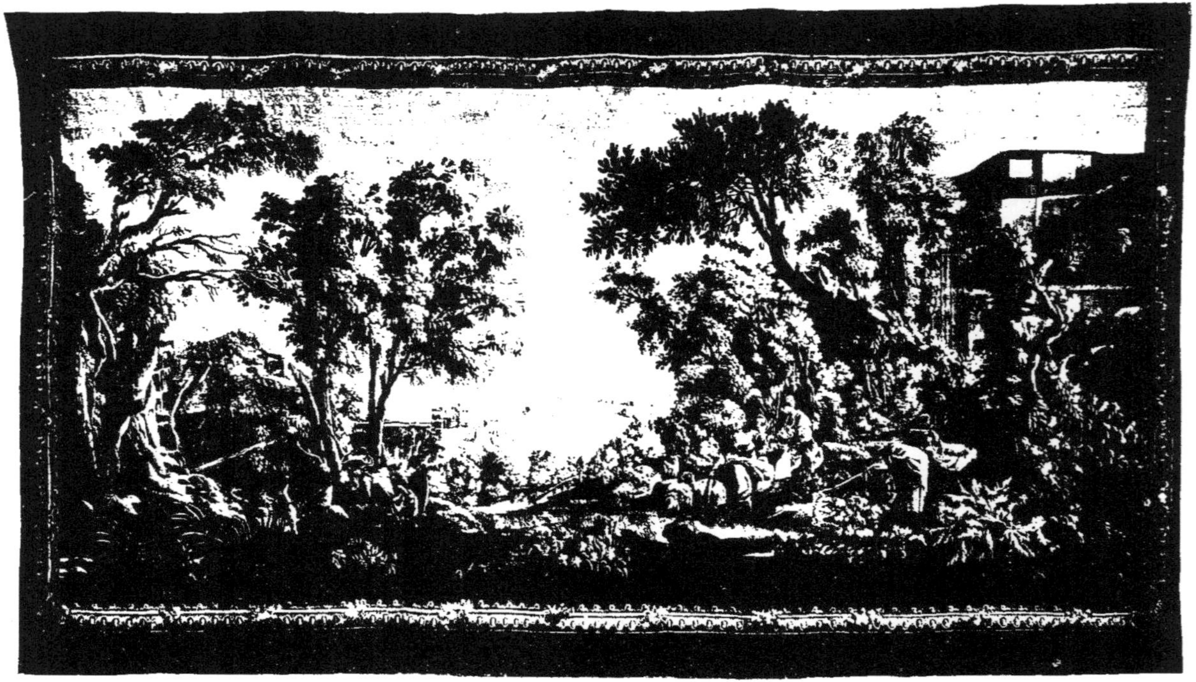

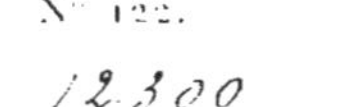

N° 122.

12300

111 — Ameublement de salon, en bois sculpté doré, comprenant un canapé et quatre fauteuils, recouverts en tapisserie au point à fond crème : gerbes de fleurs et ruban treillagé.

112 — Deux fauteuils en bois sculpté et mouluré, à dossier ajouré. Garniture de velours à rayures. Époque Louis XVI.

113 — Deux fauteuils en bois sculpté peint, recouverts en ancienne tapisserie d'Aubusson à médaillons d'oiseaux et animaux sur fond crème, et contre-fond bleu à guirlandes de fleurs et arabesques. Époque Louis XVI.

114 — Deux fauteuils du temps de Louis XVI, en bois sculpté et peint en gris, recouverts, aux sièges et dossiers, d'ancienne tapisserie d'Aubusson. Médaillons à personnage ou animaux, encadrés de feuillage de laurier, avec chutes et guirlandes de fleurs.

115 — Deux fauteuils à dossier médaillon, en bois sculpté ciré, recouverts en ancienne tapisserie au point, à rayures rouge et blanc, chargées de fleurs. Époque Louis XVI.

TAPISSERIES ANCIENNES[1]

TAPIS

116 — Tapisserie rectangulaire du commencement du XVIe siècle : composition mythologique : *Diane et Actéon*. Sur les personnages, en riches costumes, se voient des inscriptions en caractères gothiques. Bordures d'encadrement sur trois côtés : fruits.

Haut., 2 m. 90 ; larg., 4 m. 35.

117 — Tapisserie rectangulaire flamande du XVIe siècle. Sujet tiré de l'Histoire ancienne. Encadrement de larges bordures à figures allégoriques, médaillons, bouquets de fleurs et grappes de fruits.

Haut., 3 m. 60 ; larg., 2 m. 40.

1. Les tapisseries anciennes, ainsi que les sièges recouverts en tapisserie, seront vendus à 4 heures 1/2 précises.

118 — Tapisserie rectangulaire de Bruxelles, de la fin du xvie siècle. *Sujet biblique.* Sans bordures.

Haut., 2 m. 90; larg., 2 m. 10.

119 — Tapisserie de Bruxelles du xviie siècle. *Sujet mythologique.* Encadrement fait d'une très large bordure offrant, sur les côtés, deux colonnes torses ornementées, avec chapiteaux corinthiens. A la partie supérieure, cartouche et buste-médaillon cantonné d'amours avec guirlandes de fruits. Elle porte la marque tissée de m. wauters, dans la lisière inférieure.

Haut., 3 m. 50; larg., 3 m. 70.

120 — Tapisserie analogue à la précédente, de mêmes fabrique et époque. *Sujet biblique.* Encadrement de larges bordures sur trois côtés: cariatides, guirlandes de fleurs et fruits, sur les côtés; cartouche et amours, dans le haut.

Haut., 3 m. 50; larg., 3 m. 40.

121 — Tapisserie flamande, du temps de la Régence. Elle offre, au milieu d'un beau paysage, une composition mythologique à plusieurs petits personnages. Très belle et large bordure d'encadrement faite de festons et guirlandes de fleurs, vases et attributs divers, médaillons en grisaille, etc. Bel état de conservation.

Haut., 3 m. 35; larg., 5 m. 20.

122 — Grande tapisserie d'Aubusson, du temps de Louis XV. *Sujet pastoral, d'après J.-B. Huet.* Dans un paysage avec rivière et lointain, on voit, à gauche, au premier plan, un groupe de deux chasseurs; vers le centre, des bergers et bergères; à droite, des laveuses à une fontaine. Bordure d'encadrement simulant un cadre à enroulement de festons de fleurs.

Haut., 2 m. 80; larg., 5 m. 50.

123 — Encadrement de baie en ancienne tapisserie flamande de la fin du xvie siècle: fleurs, rinceaux et sphinx, sur fond jaune.

124 — Deux grands bandeaux (ancien tour de lit) en ancienne tapisserie au point : compositions à personnages. Fin du XVIe siècle.

Longueur totale, 9 mètres environ.
Hauteur moyenne, 38 centimètres environ.

125 — Grand tapis rectangulaire de la Manufacture d'Aubusson, du commencement du XIXe siècle, offrant, au centre, sur fond bleu, une rosace encadrée d'une couronne de fleurs : rinceaux, festons et guirlandes. Encadrement fait d'une bordure à caissons avec rosaces.

Larg., 5 mètres ; long., 6 m. 60.

126 à 129 — Objets omis au présent catalogue.

www.ingramcontent.com/pod-product-compliance
Ingram Content Group UK Ltd.
Pitfield, Milton Keynes, MK11 3LW, UK
UKHW020444180726
13839UKWH00004B/1622